글 유동민
가면 갈수록 아이들의 손의 연필이 어색하게 느껴지는 현실입니다.
빠르게 스마트폰의 자판을 치는 게 더 자연스럽죠.
그래서 책의 방향성에 관한 고민이 많았습니다.
연습장에서 끝나지 않고 아이의 마음까지 붙들길 바라며 글을 썼습니다.
우리 아이의 예쁜 글씨만큼 마음도 예뻐지길 응원합니다.

그림 황명석
대학과 대학원에서 순수미술을 전공하였으며,
미술학원 강사, 개인전 및 전시회 다수 하였습니다.
현재는 출판 및 프리랜서 일러스트레이터로 활동하고 있습니다.
그린 책으로는 〈냥이와 함께 처음 만나는 컬러링북〉 등이 있습니다.

초등
바른글씨
연습장

초판 1쇄 인쇄 | 2021년 03월 05일
초판 1쇄 발행 | 2021년 03월 12일
초판 2쇄 발행 | 2022년 06월 01일

펴낸곳 | 좋은친구 출판사
글 | 유동민
그림 | 황명석
펴낸이 | 조병욱
인쇄 • 제본 | 성광인쇄(주)
등록번호 | 제 2016-9호
주소 | 서울특별시 도봉구 시루봉로 192-6
전화 | 070-8182-1779 **팩스** | 02-6937-1195
E-mail | friendbooks@naver.com

ISBN | 979-11-88483-23-5 73710

값 10,000원
◉ 잘못 만들어진 책은 구입처에서 교환해 드립니다.

글씨에 자신 없는 초등생을 위한

초등 바른 글씨 연습장

글 유동민 그림 황명석

좋은친구

그저 연습이 아닌, 진정한 바름을 위하여.

아이가 글씨를 예쁘게 쓰려면 무엇이 가장 우선시 되어야 할까요? 그냥 무조건 연습만 시키거나 윽박지르면 우리 아이의 마음도 다치고 고운 글씨도 가지지 못합니다. 글씨를 예쁘게 만들어준다는 책들의 거의 대다수는 아이에게 그저 쓰는 것만을 강요합니다. 물론 많이 쓰는 것 자체는 좋은 일입니다. 아이가 주도적으로 그렇게 했다면 말이죠. 그렇지 않다면 부모님께선 아이가 잃어버린 것이 있음을 아셔야 합니다. 바로 '흥미'입니다.

이 책은 여타의 글씨 연습장과 길을 달리합니다. 자극적인 흥미가 아닌 마음을 울리기 위한 노력이 담겨있습니다. 좋은 글이 있다면, 예쁘게 쓰고 싶어질 최소한의 이유가 되지 않을까요? 어디서 들어본 내용들 대신 '순우리말'을 응용한 이유도 그와 같습니다. 예쁜 순우리말들과 그 뜻을 쓰며 아이가 흥미를 느끼길 바랐습니다. 이 책에서만 유일하게 만나게 될 동시 또한 그렇습니다. 아이의 마음을 어루만지고 그로 인해 글씨에도 변화가 있길 원했습니다.

어떤 것이 악필이고, 어떤 것이 명필일까요?
독창적이고 아름다운 서체? 아이의 가능성은 무궁무진합니다.

우리 아이만이 가진 놀라움이 분명 있습니다. <초등 바른 글씨 연습장>은 아이가 가진 잠재력과 정해진 바 없는 가능성에 관한 기초를 제공하고 싶었습니다. 책을 덮었을 때 다시 한번 펴보고, 또 써보고 싶은 충동이 일기를 바랍니다. 마음의 울림을 통하여 진정으로 바른 글씨를 갖게 되길 소원하겠습니다.

유동민

왜 글씨를 잘 써야 하나요?

글씨는 학습 능력과도 밀접한 관계가 있습니다. 사람마다 얼굴이 다르듯이 글씨 또한 글씨체가 다릅니다. 대충대충 쓴 글을 보면 좋은 느낌을 갖기 어렵습니다. 글의 내용이 아무리 좋아도 악필로 글을 쓴 사람이 손해를 볼 수 있죠. 그래서 공부를 가르치기 전에 글씨를 바르게 쓸 수 있도록 해야 합니다. 공부하는 힘이 되는 방법의 시작은 반듯한 예쁜 글씨입니다.

예쁘고 바른 글씨는 내 생각과 마음을 전달하는 중요한 역할을 하며 그 만큼 공부에 대한 흥미도 커지기 때문에 공부하는 즐거움도 커져요.

초등학교부터 바르게 익힌 반듯한 예쁜 글씨체는 다른 사람들에게 좋은 인상을 심어 주고 아이에게 평생 훌륭한 자산이 됩니다.

한 번 익힌 글씨체는 쉽게 고쳐지지 않습니다. 매일매일 15분 정도의 꾸준한 노력으로 한 장 한 장 연습하다 보면 아무리 못난 손 글씨도 어느새 반듯하고 예쁜 글씨로 쓰고 있는 나를 발견할 것입니다. 한번 해볼래요?

부모의 마음으로 제작된 이 책이 아무쪼록 어린이 여러분의 예쁜 글씨를 쓰는데 많은 도움이 되기를 바랍니다.

차례

머리말 ··· 04
왜 글씨를 잘 써야 하나요? ··· 05

1장 예쁘고 바른 글씨를 쓰고 싶어요.

1. 글씨를 잘 쓰는 방법을 알고 싶어요. ···························· 10
2. 다양한 선 긋기 연습을 해요. ······································ 17
3. 또박또박, 글자 연습을 해요. ······································ 20

   쉬어가는 코너 ··· 46

2장 글씨체가 예뻐지는 낱말 연습을 해 보세요.

1. 받침 없는 낱말을 써 보세요. ······································ 49
2. 받침 있는 낱말을 써 보세요. ······································ 57
3. 틀리기 쉬운 낱말을 써 보세요. ··································· 62

   쉬어가는 코너 ··· 66

3장 바르고 정확하게 문장 쓰기를 해 보세요.

1. 짧은 문장 쓰기 ·· 69

2. 고사성어 쓰기 ·· 75

3. 감동 명언 쓰기 ·· 79

4. 이솝 우화 쓰기 ·· 84

   쉬어가는 코너 ·· 90

4장 일상생활 속 다양한 글들을 연습해 보세요.

1. 순우리말 쓰기 ·· 93

2. 순우리말로 지은 동시들 쓰기 ·························· 96

3. 마음을 담은 편지와 카드 쓰기 ························ 104

4. 생각을 정리하는 일기 쓰기 ···························· 116

올바른 방법으로 연습하면
예쁘고 바르게 잘 쓸 수 있어요.

매일매일 15분만 연습하자.

시작해 볼까요?

1장
예쁘고 바른 글씨를 쓰고 싶어요.

연필의 종류와 연필 잡는 기본자세 그리고 앉는 자세를 알아보고 자음과 모음에 대해서 익혀 보아요.

 # 글씨를 잘 쓰는 방법을 알고 싶어요.

글씨를 잘 쓰는 방법은 그냥 써지는 게 아니에요.
꾸준한 노력과 연습이 필요해요.
지금까지 써왔던 글씨체가 몇 번 연습했다고 바뀌는 건 아니에요.
열심히 노력하고 연습하면 글씨의 모양이 예쁜 글씨체로 바뀝니다.

글씨체를 바꾸고 싶으면 글씨를 쓸 때마다 의식하며 쓰고
좋은 글씨체를 계속 따라 쓰다 보면 규칙을 발견하게 되고
글씨의 균형감을 익히면서 자연스럽게 좋은 글씨체로 쓰게 된답니다.

글씨를 잘 쓰는 방법을 알고 싶어요.

글씨를 잘쓰는 방법을 알고 싶어요.

글씨를 잘 쓰기 위한 기본 다지기

 글씨 높이 맞추기 (특히 받침을 주의 하세요.)

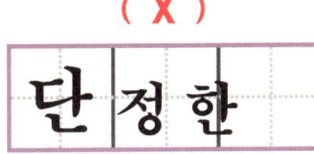

 글씨 크기 (크기를 일정하게 해주세요.)

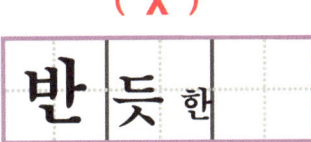

 글씨 간격 일정하게 맞추기 (띄어쓰기 간격/자음, 모음 간격/글자 간격)

| 아는 사람이 많다 (O) |
| 아는 사람이 많다 (X) |

깨끗이 (O)   깨끗이 (X)

비행기 (O)   비행 기 (X)

연습해 보세요 (O)
연 습해 보 세요 (X)

 **알아 두기**

글씨 쓰기를 위해서는 바른 자세로 앉아 바르게 연필을 잡아야 예쁜 글씨를 쓸 수 있어요.

연필을 바르게 잡는 방법

좋은 글씨를 쓰기 위해서는 필기도구를 바르게 잡는 방법이 중요해요.

1. 엄지손가락과 집게손가락의 모양을 둥글게 하여 필기도구를 잡아요.
2. 가운데손가락으로 필기도구를 받치세요.
3. 필기도구의 아랫부분을 잡고 세우거나 눕히지 않아요.
4. 연필과 종이는 60도 각도가 되도록 유지해요.
5. 적당히 힘을 주어 손가락의 힘으로 글씨를 써요.
6. 연필을 잡은 손의 새끼손가락을 바닥에 가볍게 댑니다.

나쁜예 : 연필을 너무 눕힌다 (×)

나쁜예 : 연필을 직각으로 세운다 (×)

알아 두기

글씨 연습을 시작할 때 필기도구를 바르게 잡고 바른 글씨를 따라 바르게 쓰다 보면 짧은 시간 안에 바른 글씨, 예쁜 글씨를 쓰게 될 거예요.

바르게 앉는 자세

① 허리를 곧게 펴고 엉덩이는 의자 뒤쪽에 붙이고, 다리는 가지런히 모아요.
② 노트와 눈의 거리를 너무 가깝게 하지 않아요.
③ 노트를 책상 위에 바르게 놓고 고개를 너무 많이 숙이지 않아요.
④ 시선은 종이와 연필심의 끝을 향하게 하세요.
⑤ 글씨를 쓰지 않는 손으로 노트를 살짝 눌러 주세요
⑥ 종이와 손은 몸의 중심에 있어야 하며 양손은 수평이 되게 책상 위에 올려놓아야 글자의 모양이 좋아집니다.

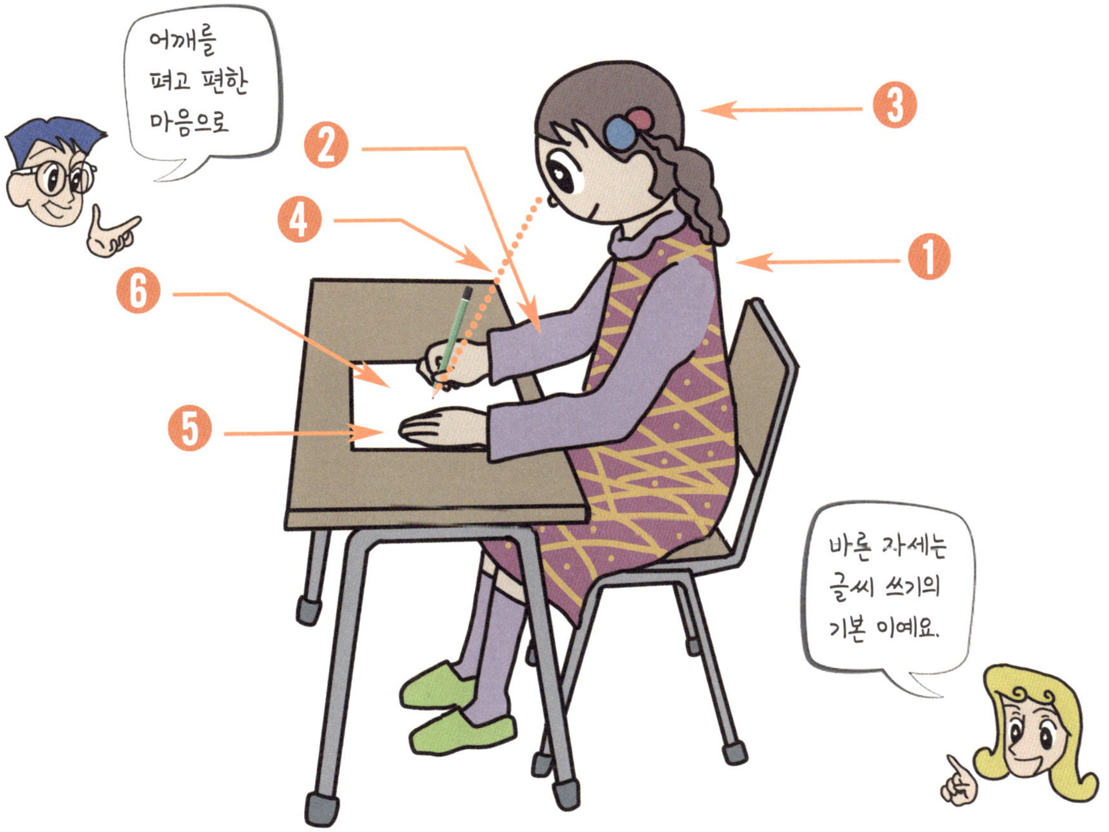

어깨를 펴고 편한 마음으로

바른 자세는 글씨 쓰기의 기본 이예요.

이런 자세가 좋아요!

알아 두기

바른 자세로 앉아 바르게 연필을 잡아야 바르고 예쁜 글씨를 쓸 수 있어요.

글씨 교정하는 방법

지금부터 손 글씨 교정하는 방법을 알아보아요.

 글씨를 못 쓴다는 것은 대부분 자음과 모음의 균형이 없고 삐뚤어져 있어서입니다. 자음과 모음의 균형이 잡히게 네모 칸에 꾸준히 연습을 하다보면 점점 예쁜 글씨로 교정이 돼요.

 예쁜 글씨를 쓰고 싶다면 글씨를 천천히 써야 해요. 글씨가 예쁘지 못한 사람들의 특징이 빠르게 쓰려하고 자음과 모음의 균형이 삐뚤어져 있어서입니다. 중요한 것은 글씨 쓰는 속도. 천천히 또박또박 따라 쓰면서 연습해 보세요.

 글자가 너무 붙어 있거나 띄어쓰기가 없는 경우 글씨가 예쁘게 보이지 않아요. 글자의 사이를 일정하게 두고 자음과 모음의 사이에 적절한 공간을 주는 연습을 하면 좋아요.

 예쁜 글씨를 쓰기 위해서는 매일매일 연습을 해야 해요. 천천히 즐기면서 매일 조금씩 15분만 바른 글씨로 연습을 해요.

글씨를 쓰면서 연습하다 보면 자연스레 예쁜 글씨를 쓰게 돼요. 그럼 우리도 계획을 세워서 글씨 쓰기를 해 볼까요?

필기도구 (연필)

연필 맨 밑에 쓰여 있는 H는 연필심의 단단한 정도,
B는 연필심의 진한 정도를 나타내요.
H는 숫자가 높아질수록 연필심이 딱딱하고 흐리게 쓰이며
B는 숫자가 높아질수록 흑연이 많이 부드럽고 진하게 쓰입니다.

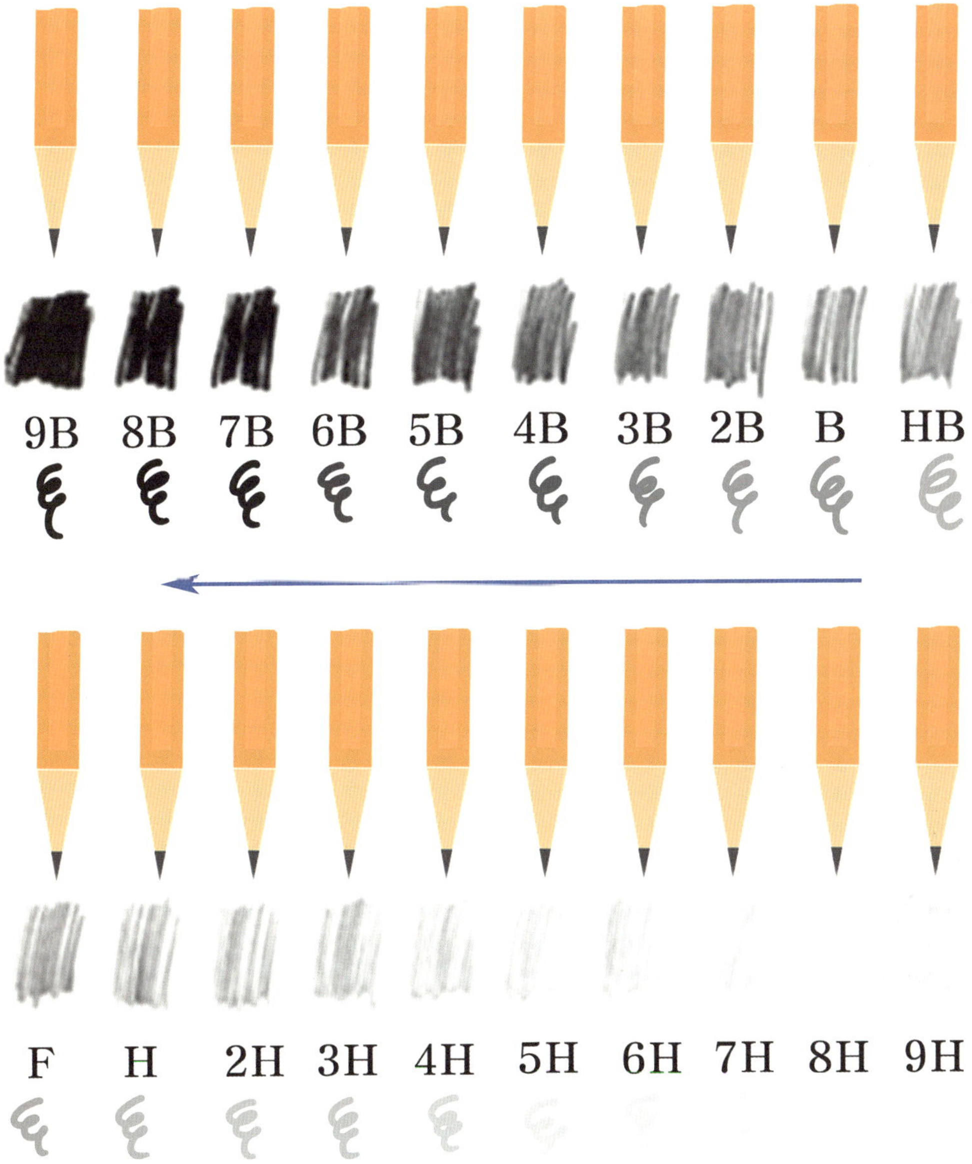

9B 8B 7B 6B 5B 4B 3B 2B B HB

F H 2H 3H 4H 5H 6H 7H 8H 9H

글씨 연습은 연필로 시작하는 것이 좋아요.
숫자가 없는 HB 연필은 H와 B의 중간 정도의 연필로 가장 무난하게 사용할 수 있는 일반적인 연필입니다.

연필 종류 별로 써보고 직접 체험 해 보세요~

알아 두기

글씨를 잘 쓰기 위해서는 필기도구의 선택이 중요해요.

순서대로

초등학생의 연필 잡는 연습은 색연필 → 4B연필 → 2B연필 → HB 연필의 순서대로 연습하면 좋아요.

 # 다양한 선 긋기 연습을 해요.

바르고 예쁜 글씨를 쓰기 위해서는 선 긋기 연습이 필요해요.

 **알아 두기**

글자는 모두 선으로 구성되어 있기 때문에 예쁜 글씨를 쓰려면 선이 반듯하고 정확해야 해요. 처음부터 끝까지 같은 힘을 주어 시작과 끝의 진하기가 같은지 살펴보세요.

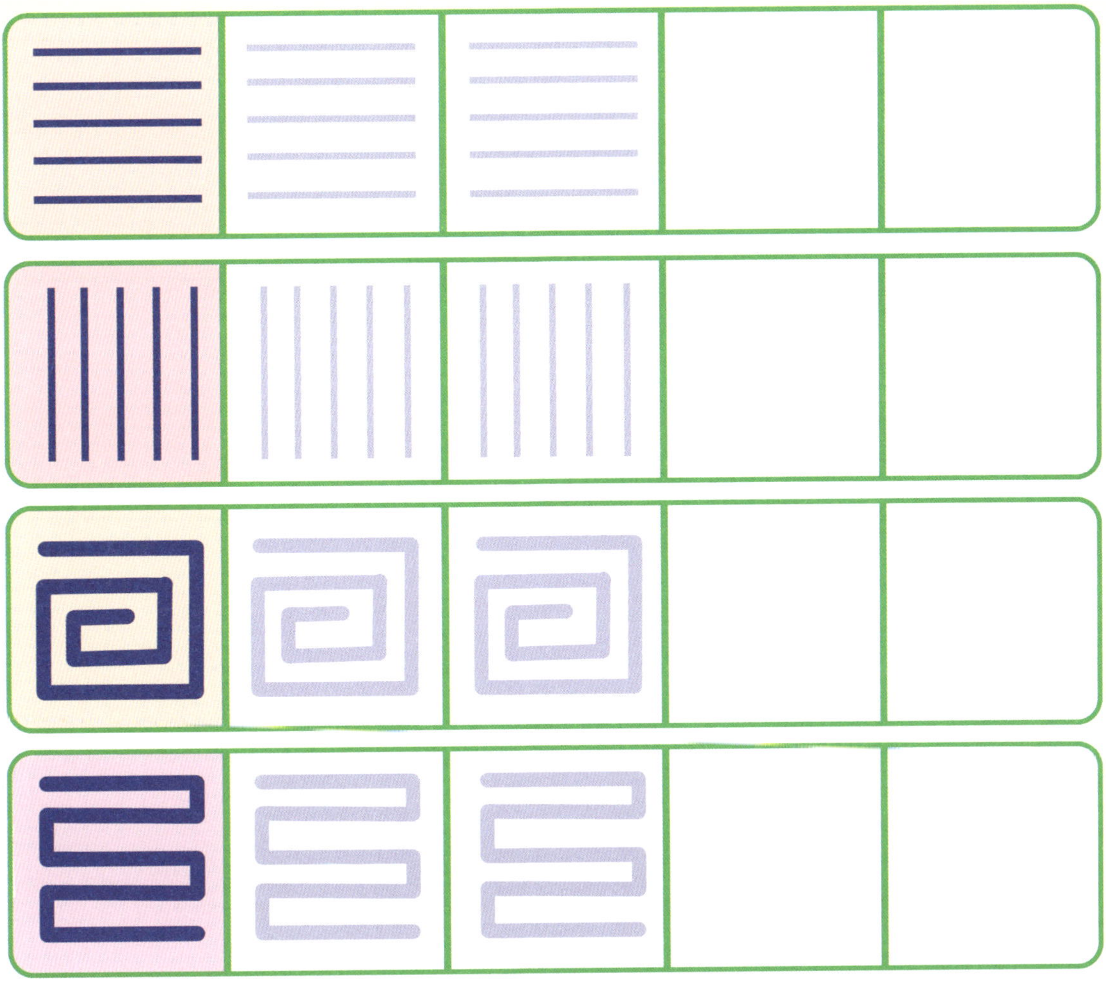

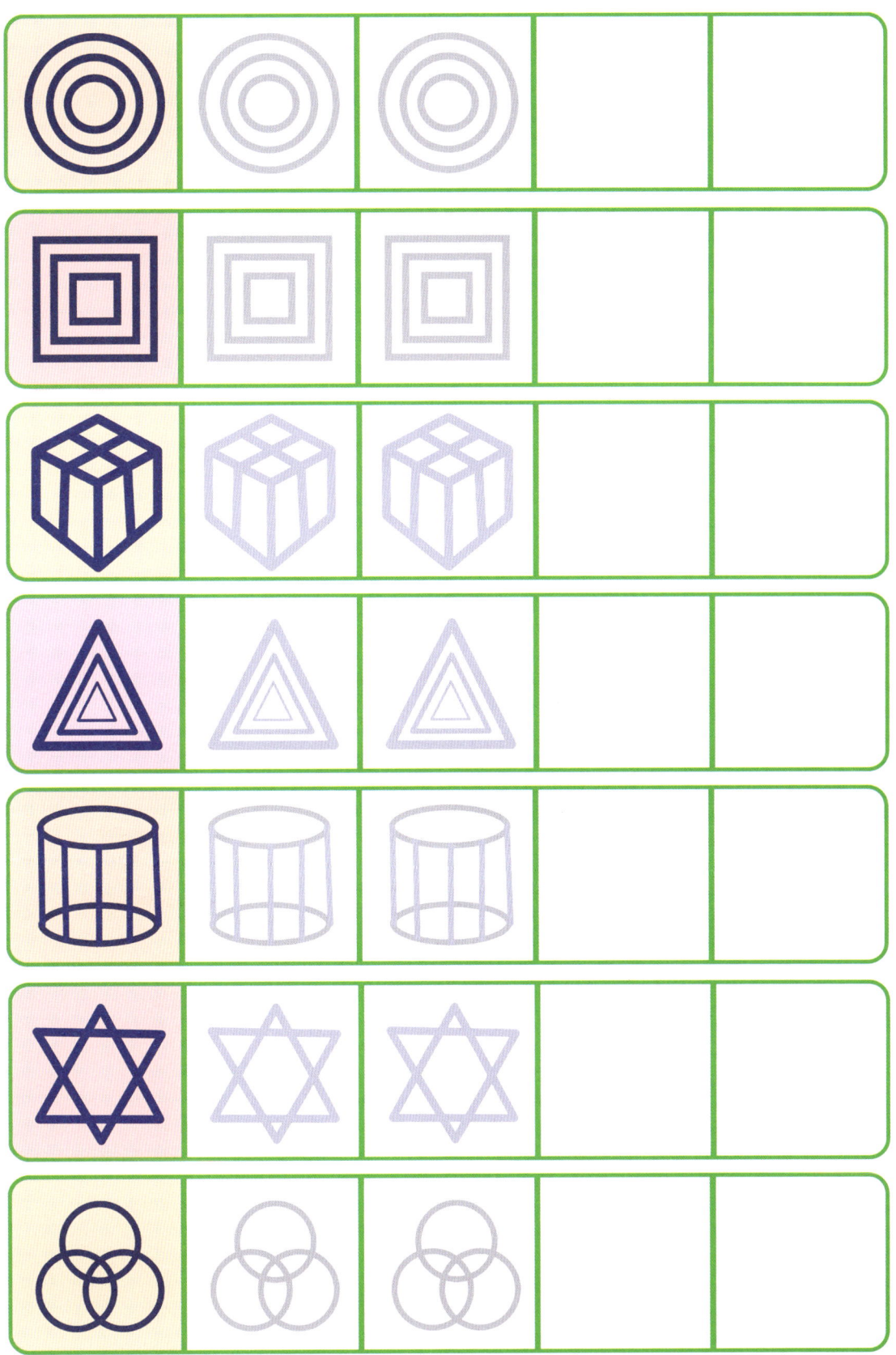

 ## 또박또박, 글자 연습을 해요.

글자에도 쓰는 순서가 있어요.

순서에 유의하며 따라 쓴다면 훨씬 쉽겠죠?

우선 왼쪽에서 오른쪽 방향으로, 위에서 아래로 쓰면 돼요.

만약에 이를 무시하고 모음 오른쪽이나 아래에 모음을 먼저 쓰고

왼쪽이나 위쪽에 자음을 나중에 쓰면 절대로 예쁜 글자가 나올 수 없어요.

반드시 좌에서 우로, 위에서 아래로 쓰면 돼요.

또한, 받침이 있는 자음은 크기가 같아야 좋아요.

 글씨 쓰는 순서

❶ 위에서 아래로   ❷ 가로에서 세로로   ❸ 왼쪽에서 오른쪽으로

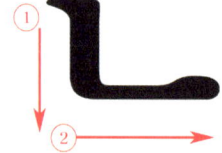 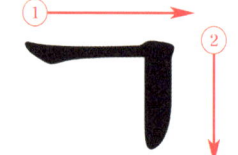 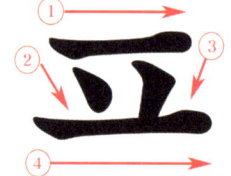

 자음과 모음의 4가지 형태

❶ 모음이 오른쪽에 있으면서 세로획으로 시작해요. (ㅏ, ㅑ, ㅐ, ㅒ, ㅣ)
❷ 모음이 오른쪽에 있으면서 가로획으로 시작해요. (ㅓ, ㅕ)
❸ 모음이 아래 있으면서 가로획으로 시작해요. (ㅜ, ㅠ, ㅡ)
❹ 모음이 아래 있으면서 세로획으로 시작해요. (ㅗ, ㅛ)

자음과 모음을 바르고 정확하게 따라 써 보세요.

 바르고 정확하게 따라 써 보세요. 　　　　　　　　　자음 19개

 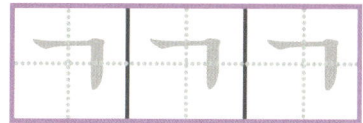 

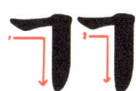 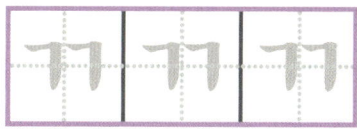 

 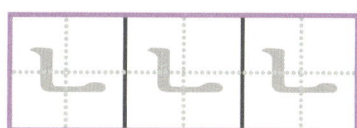 

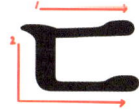 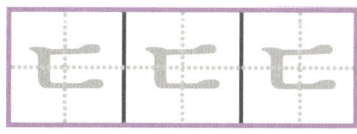 

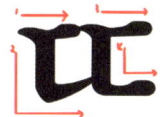 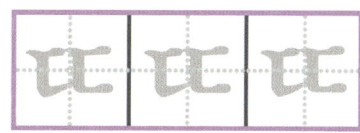 

 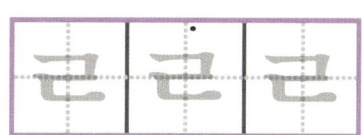 

1장_ 예쁘고 바른 글씨를 쓰고 싶어요.

자음 따라 쓰기 연습

자음 19개의 획순을 생각하며 따라 쓰고 위치에 맞게 연습을 해봐요.

 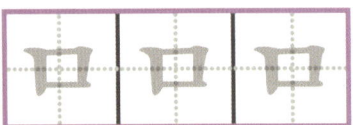 

 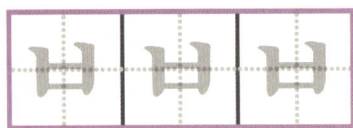 

 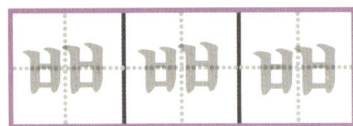 

 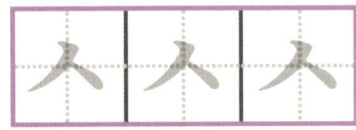 

 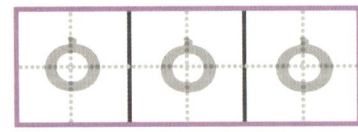 

 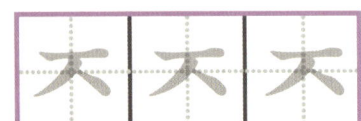 

바르고 정확하게 따라 써 보세요. 모음 21개

모음 따라 쓰기 연습

모음 21개의 획순을 생각하며 따라 쓰고 적당한 크기를 생각하면서 연습을 해봐요.

ㅖ
ㅗ
ㅘ
ㅙ
ㅚ
ㅛ
ㅜ

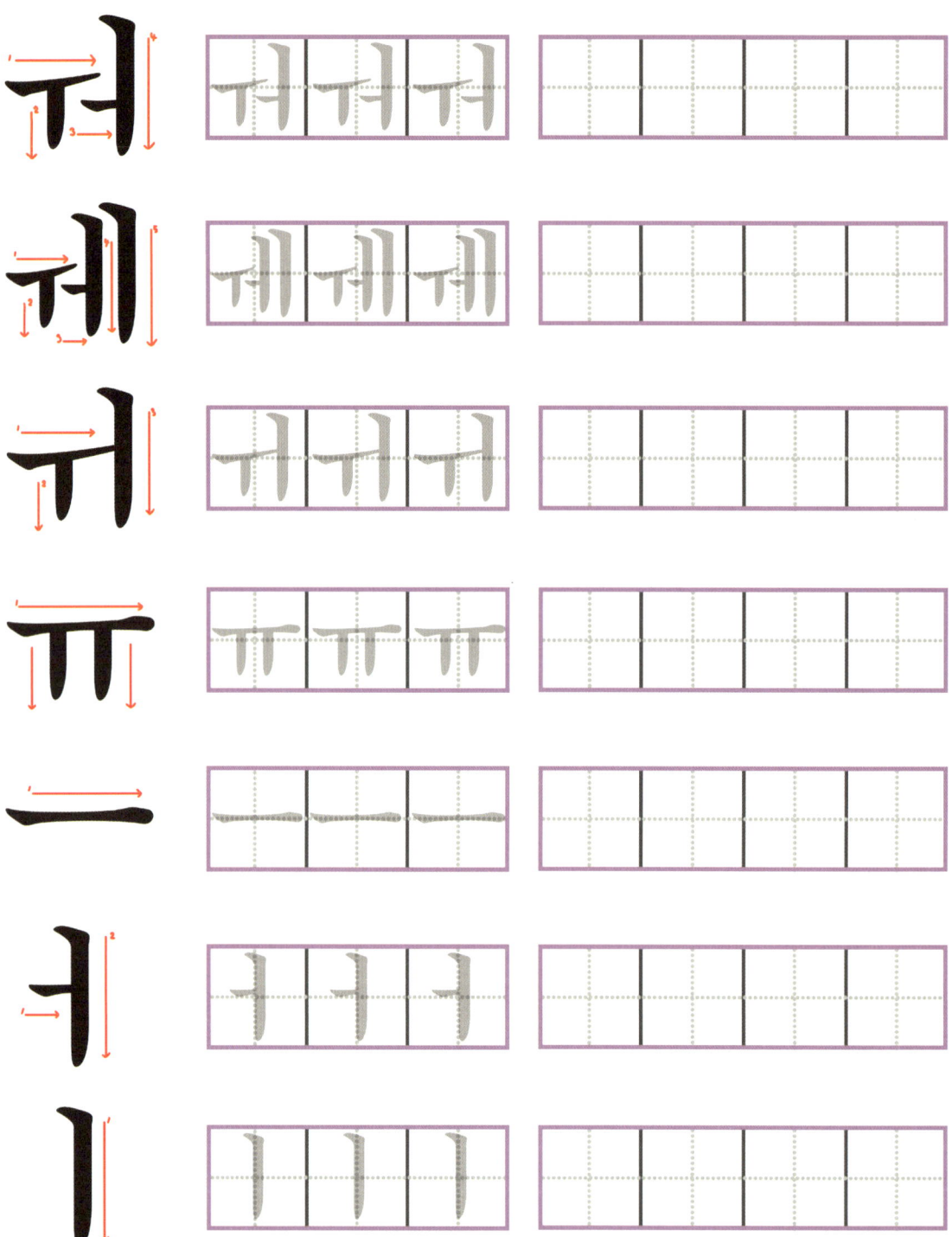

문장 부호 쓰기

문장부호	이름	쓰임새
.	마침표	풀이하는 문장의 끝에서 문장의 마침을 나타낼 때 써요.
,	쉼표	이름이나 물건이 연속해서 나올 때 또는 사람을 부르거나 대답할 때 써요.
?	물음표	무엇이 궁금해서 물어볼 때 써요.
!	느낌표	어떤 것에 대한 강한 느낌을 나타낼 때 써요.
" "	큰따옴표	대화하는 부분에 써요.
' '	작은따옴표	생각이나 속마음을 나타낼 때 써요.

한 단어 쓰기

 쓰기를 하면서 다음 몇 가지에 주의를 하며 써 보세요.

❶ 손에 적당한 힘을 주고 써 보세요.
❷ 가로선과 세로 선을 곧게 써 보세요.
❸ 획수에 맞게 쓰면서 자음과 모음의 모양을 분명하게 써 보세요.
❹ 획이 꺾이는 부분을 정확하게 써 보세요.
❺ 모음은 조금 더 길게 써 보세요.

1 한글의 6가지 형식

⭐, ⭐, ⭐ 은 받침이 없는 글자들
⭐, ⭐, ⭐ 은 받침이 있는 글자들

⭐1 첫 자음 + 세로모음

ㅏ, ㅑ, ㅓ, ㅕ, ㅣ 앞에 자음이 있고 받침이 없는 글꼴

가	가	가							
야	야	야							
너	너	너							
디	디	디							

라	라	라						
마	마	마						
여	여	여						
바	바	바						
커	커	커						
퍼	퍼	퍼						
비	비	비						
리	리	리						

 첫 자음 + 가로모음

ㅗ, ㅛ, ㅡ 위에 자음이 있고 받침이 없는 글꼴

고	고	고						
크	크	크						
노	노	노						

도	도	도							
보	보	보							
쇼	쇼	쇼							
효	효	효							
드	드	드							
묘	묘	묘							
트	트	트							
요	요	요							
초	초	초							
호	호	호							

첫 자음 + 가로모음 + 세로모음

ᅱ, ᅯ, ᅰ 가 들어간 글꼴

귀	귀	귀							

위	위	위							
뒤	뒤	뒤							
늬	늬	늬							
뷔	뷔	뷔							
쉬	쉬	쉬							
위	위	위							
워	워	워							
훠	훠	훠							
숴	숴	숴							
게	게	게							
체	체	체							
훼	훼	훼							

첫 자음 + 세로모음 + 받침자음

ㅏ, ㅑ, ㅓ, ㅕ, ㅣ 아래에 받침이 있는 글꼴

팡	팡	팡							
약	약	약							
덤	덤	덤							
형	형	형							
랑	랑	랑							
녕	녕	녕							
실	실	실							
작	작	작							
강	강	강							
적	적	적							
얍	얍	얍							
빛	빛	빛							
힘	힘	힘							

첫 자음 + 가로모음 + 받침자음

ㅗ, ㅛ, ㅜ, ㅠ, ㅡ 아래에 받침이 있는 글꼴

늪	늪	늪						
욕	욕	욕						
홍	홍	홍						
군	군	군						
곰	곰	곰						
춤	춤	춤						
봄	봄	봄						
용	용	용						
놀	놀	놀						
흉	흉	흉						
흘	흘	흘						
울	울	울						
훈	훈	훈						

첫 자음 + 가로모음 + 세로모음 + 받침자음

ㅐ, ㅔ, ㅒ, ㅖ, ㅢ, ㅚ, ㅘ, ㅙ, ㅟ, ㅝ, ㅞ, 아래에 받침이 들어간 글꼴

왕	왕	왕							
됨	됨	됨							
뵈	뵈	뵈							
최	최	최							
화	화	화							
쇄	쇄	쇄							
과	과	과							
홰	홰	홰							
셸	셸	셸							
앤	앤	앤							
옛	옛	옛							
흰	흰	흰							
원	원	원							

웬	웬	웬							
원	원	원							
델	델	델							

2 겹받침

겹받침은 같은 자음이 겹치거나 다른 자음끼리 어울려 이루어진 받침이에요.
예를 들어 'ㄱㅅ','ㄴㅈ','ㄹㄱ' 같이 서로 다른 두 개의 자음으로 이루어져 있어요.

알아 두기

한글 겹받침은 11개가 있어요.

겹받침이 있는 글자는 크기를 잘 조절해야 해요.
각 자음과 겹받침의 크기는 이등분한 것처럼 쓰며 겹받침의 자음과 자음은
붙어있는 것처럼 바짝 붙여서 쓰면 돼요.

자음과 겹받침의 크기를 같게 써요.

ㄱㅅ	몫, 넋	몫	넋		몫	넋			
ㄴㅈ	얹다	얹	다		얹	다			
ㄴㅎ	많다	많	다		많	다			
ㄹㄱ	늙다	늙	다		늙	다			

ㄹㅁ 받침　　닮다　　닮다

ㄹㅂ 받침　　넓다　　넓다

ㄹㅅ 받침　　외곬　　외곬

ㄹㅌ 받침　　핥다　　핥다

ㄹㅍ 받침　　읊다　　읊다

ㄹㅎ 받침　　싫다　　싫다

ㅂㅅ 받침　　없다　　없다

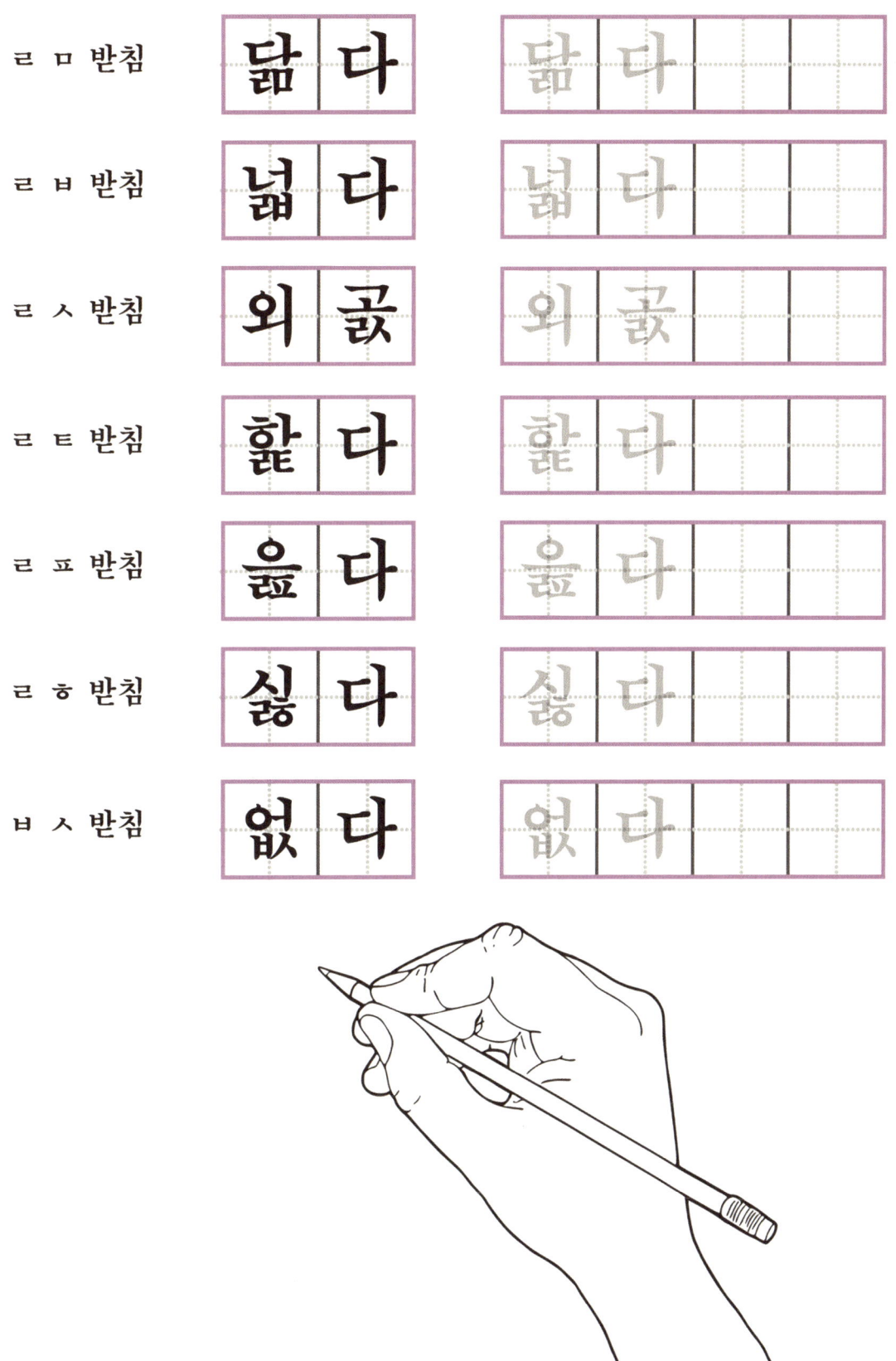

3 글자 모양을 생각하며, 연습해 보세요.

자음과 모음의 위치를 주의 깊게 보면서 쓰기를 해봐요.

글씨의 모양을 생각하지 않고 빨리 쓰기만 한다면 정교하고 깔끔한 손 글씨가 나오지 않아요. 빠른 속도로 빨리 쓰기만 하는 글씨는 삐뚤삐뚤한 글씨로 쓰게 돼요. 이렇듯 바른 글씨를 위해서는 그림을 그린다는 느낌으로 글씨 모양을 하나하나 생각하며 천천히 쓰는 습관을 형성하는 것이 중요해요.

알아 두기

조금 더 크게 쓸 수도 있는 자음은 ㄹ, ㅊ, ㅎ이고,
작게 쓸 수도 있는 자음은 획이 적은 ㅇ, ㄴ 이에요.

 '가거고구그기'를 바르고 정확하게 따라 써 보세요.

'나너노누느니' '다더도두드디'를 바르고 정확하게 따라 써 보세요.

3 '라러로루르리' '마머모무므미'를 바르고 정확하게 따라 써 보세요.

라 러 로 루 르 리 마 머 모 무 므 미

'바버보부브비' '사서소수스시'를 바르고 정확하게 따라 써 보세요.

바 버 보 부 브 비 사 서 소 수 스 시

'아어오우으이' '자저조주즈지'를 바르고 정확하게 따라 써 보세요.

'차처초추츠치' '카커코쿠크키'를 바르고 정확하게 따라 써 보세요.

'타터토투트티' '파퍼포푸프피'를 바르고 정확하게 따라 써 보세요.

타 터 토 투 트 티 파 퍼 포 푸 프 피

'하허호후흐히'를 바르고 정확하게 따라 써 보세요.

하 | 하 | 하 | 하
허 | 허 | 허 | 허
호 | 호 | 호 | 호
후 | 후 | 후 | 후
흐 | 흐 | 흐 | 흐
히 | 히 | 히 | 히

복습

곰 가족에게 멧돼지가 놀러 왔네요. 예쁘게 색칠해 주세요.

 배고픈 강아지가 먹이를 먹을 수 있게 길을 찾아주세요.

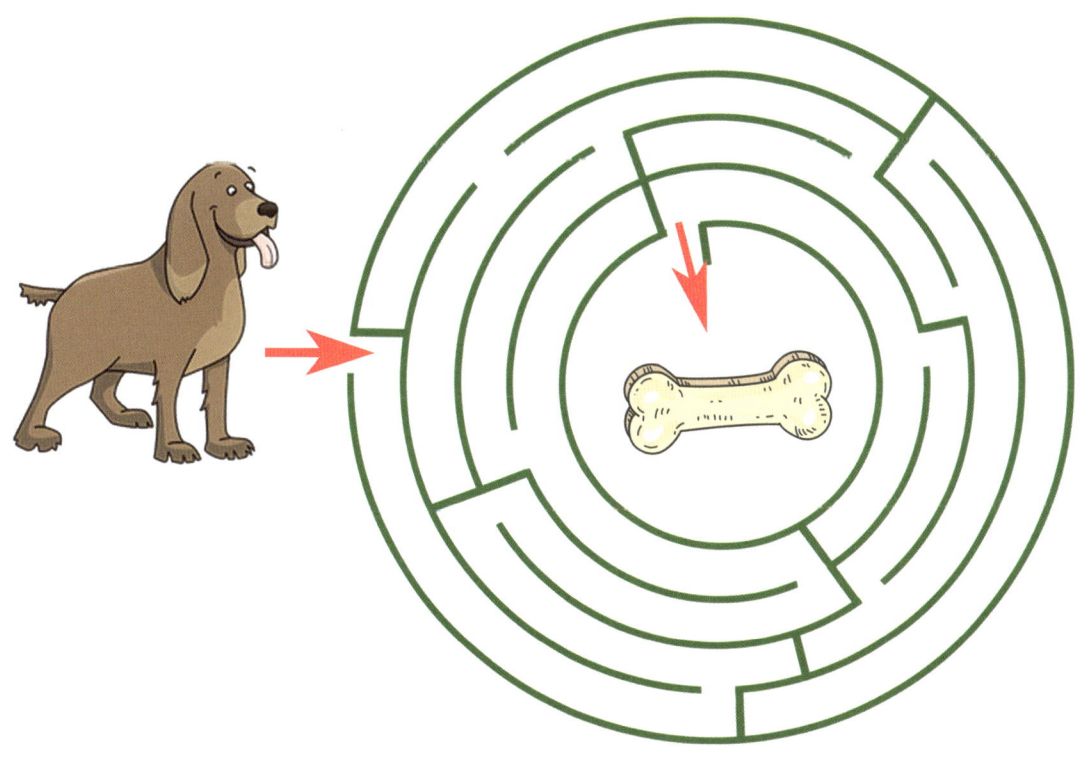

2장

글씨체가 예뻐지는 낱말 연습을 해 보세요.

어릴 때 글씨체를 바로 잡지 않으면 어른이 되어도 글씨체를 고치기가 힘들어요.

글씨 쓰는 자세부터 한글 자음 모음 쓰기 등 기본부터 체계적으로 연습하는 것이 중요해요.

시작해 볼까요?

 **받침 없는 낱말을 써 보세요.**

받침이 있는지 확인하면서 글씨 크기를 생각하며 연습해 보아요.

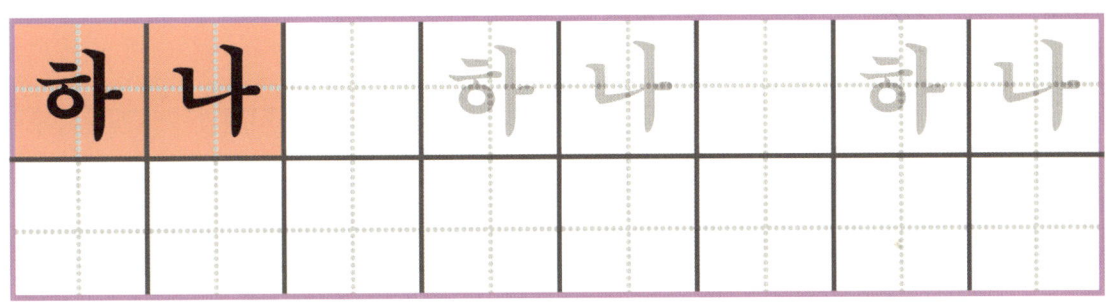

| 다 | 리 | | 다 | 리 | | 다 | 리 |

| 노 | 루 | | 노 | 루 | | 노 | 루 |

| 모 | 자 | | 모 | 자 | | 모 | 자 |

| 매 | 미 | | 매 | 미 | | 매 | 미 |

| 바 | 다 | | 바 | 다 | | 바 | 다 |

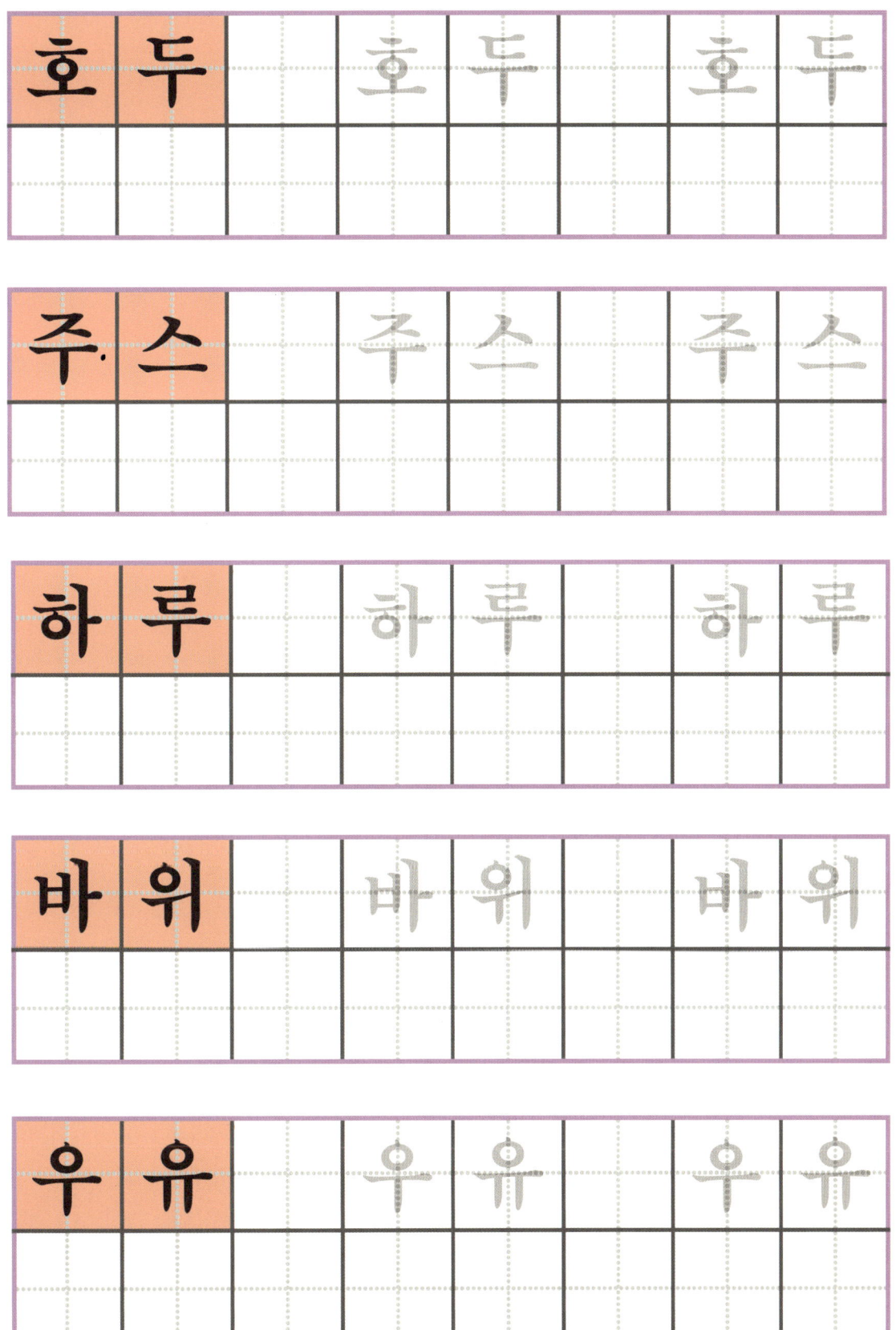

호	수		호	수		호	수

자	두		자	두		자	두

자	세		자	세		자	세

오	리		오	리		오	리

배	추		배	추		배	추

지	구		지	구		지	구

카	드		카	드		카	드

치	즈		치	즈		치	즈

지	혜		지	혜		지	혜

조	개		조	개		조	개

| 토 | 끼 | | 토 | 끼 | | 토 | 끼 |

| 더 | 위 | | 더 | 위 | | 더 | 위 |

| 추 | 위 | | 추 | 위 | | 추 | 위 |

| 짜 | 다 | | 짜 | 다 | | 짜 | 다 |

| 타 | 조 | | 타 | 조 | | 타 | 조 |

사	과			사	과		사	과

포	크			포	크		포	크

포	도			포	도		포	도

파	도			파	도		파	도

돼	지			돼	지		돼	지

| 또래 | | 또래 | 또래 |

| 새우 | | 새우 | 새우 |

| 타조 | | 타조 | 타조 |

| 태도 | | 태도 | 태도 |

| 채소 | | 채소 | 채소 |

 **받침 있는 낱말을 써 보세요.**

받침의 크기를 보고 전체 비율을 생각하며 연습해 보아요.

가	방	가	방					
감	자	감	자					
거	울	거	울					
낙	타	낙	타					
냄	비	냄	비					
계	단	계	단					
단	추	단	추					

| 달 | 력 | 달 | 력 | | | | | |

| 말 | 씀 | 말 | 씀 | | | | | |

| 딸 | 기 | 딸 | 기 | | | | | |

| 레 | 몬 | 레 | 몬 | | | | | |

| 버 | 섯 | 버 | 섯 | | | | | |

| 반 | 쪽 | 반 | 쪽 | | | | | |

| 사 | 탕 | 사 | 탕 | | | | | |

| 수 | 박 | 수 | 박 | | | | | |

| 안 | 경 | 안 | 경 | | | | | |

| 악 | 어 | 악 | 어 | | | | | |

| 양 | 말 | 양 | 말 | | | | | |

| 아 | 침 | 아 | 침 | | | | | |

| 여 | 행 | 여 | 행 | | | | | |

| 예 | 절 | 예 | 절 | | | | | |

| 열 | 쇠 | 열 | 쇠 | | | | | |

| 장 | 갑 | 장 | 갑 | | | | | |

| 전 | 화 | 전 | 화 | | | | | |

| 참 | 외 | 참 | 외 | | | | | |

치약	치약					

침대	침대					

펭귄	펭귄					

표범	표범					

풍선	풍선					

폭포	폭포					

필통	필통					

호박	호박					

학교	학교					

햇볕	햇볕					

친구	친구					

첫눈	첫눈					

축구	축구					

깜짝	깜짝					

캠핑	캠핑					

씨앗	씨앗					

씨름	씨름					

숲속	숲속					

# 틀리기 쉬운 낱말을 써 보세요.

맞춤법과 띄어쓰기를 익히며 연습해 보아요.

맞춤법

한글 맞춤법은 중요합니다. 맞춤법은 자신의 생각을 말이나 글로 분명하게 표현하기 위해서입니다. 즉 맞춤법에 맞게 글을 써야 읽는 사람에게 내 생각과 느낌을 정확하게 전달할 수 있어요.

 **알아 두기**

우리가 자주 실수하는 맞춤법을 알아보고 낱말을 따라 써 보며 익혀 두세요.

(×) 틀린 맞춤법	(○) 바른 맞춤법		
몇일	며칠	며칠	
실증	싫증	싫증	
익따	읽다	읽다	
바램	바람	바람	
구지	굳이	굳이	
어름	얼음	얼음	
배개	베개	베개	
회수	횟수	횟수	

(×) 틀린 맞춤법	(○) 바른 맞춤법		
돌맹이	돌멩이	돌멩이	
옷거리	옷걸이	옷걸이	
계시판	게시판	게시판	
않된다	안된다	안된다	
노리터	놀이터	놀이터	
나뭇꾼	나무꾼	나무꾼	
일찍기	일찍이	일찍이	
어제밤	어젯밤	어젯밤	
들어나다	드러나다	드러나다	
건들이다	건드리다	건드리다	
오랫만에	오랜만에	오랜만에	
왠일이지	웬일이지	웬일이지	
낭떨어지	낭떠러지	낭떠러지	

띄어쓰기

문장을 쓰다 보면 헷갈리는 게 많이 있지만 연습을 한다면 띄어쓰기가 재미있게 느껴질 거예요.

이것은 영수 것이다. (O)
이것은 영수것이다. (X)

한 마리당 천 원입니다. (O)
한 마리 당 천 원입니다. (X)

우리 사이좋게 놀자. (O)
우리 사이 좋게 놀자. (X)

장난감 돌을 따로 담아둬 (O)
장난감돌을 따로 담아둬 (X)

비가 올 것 같다. (O)
비가 올것 같다. (X)

다음에 또 보러 오고 싶다. (O)
다음에 또 보러 오고싶다. (X)

음식을 골고루 먹어야겠다고 다짐했다. (O)
음식을 골고루 먹어야 겠다고 다짐했다. (X)

학생들의 많은 참여 바랍니다. (O)
학생들의 많은 참여바랍니다. (X)

오늘이 몇 월 며칠이에요? (O)

오늘이 몇월 며칠이에요? (X)

영수는 덜컥 겁이 났어요. (O)

영수는 덜컥 겁이났어요. (X)

그 말이 사실일 리가 없다. (O)

그 말이 사실일리가 없다. (X)

그럼 다시 볼 때까지 안녕. (O)

그럼 다시 볼때까지 안녕. (X)

여기에서 무슨 일을 하시는데요. (O)

여기에서 무슨일을 하시는데요. (X)

엄마가 해 주셔서 그런가 봐. (O)

엄마가 해주셔서 그런가 봐. (X)

감싸 안은 듯 온화했어요. (O)

감싸 안은듯 온화했어요. (X)

 아래 그림을 보고 다른 곳 5군데를 찾아보세요.

같은 오징어의 그림자를 찾아 선을 연결해 보세요.

 왼쪽에 있는 그림과 같은 순서로 놓인 그림을 찾아 ○표 하세요.

3장

바르고 정확하게 문장 쓰기를 해 보세요.

문장 쓰기를 할 때는 문장 전체를 보면서 글자 높이와 글자 크기가 일정하게 쓰는 연습을 해요.

1 짧은 문장 쓰기

글씨 잘 쓰는 법은 매일 꾸준하게 연습하는 게 중요해요.
글씨체를 따라서 연습하다 보면 점점 잘 쓰게 될 거예요.

알아 두기

반듯하고 예쁜 문장 쓰는 방법.

일정한 위치에 글씨를 쓰면서 알맞은 간격으로
띄어 쓰고 문장 부호를 바르게 쓰면 돼요.

축하해요.

열심히 했어.

참 잘하네.

정말 고마워.

최선을 다해.

나는 행복해요.

꽃이 피었어.

또 만나자.

생각하며 읽어요.

정말 잘 부른다.

날 따라와 봐.

책 읽어 주세요.

지금 몇 시야?

다녀오겠습니다.

빨리 먹고 싶어요.

바람이 솟구친다.

바르고 공손하게.

거울에 비친 모습.

오늘은 무슨 요일일까요?

우리 식구는 네 명이에요.

넌 정말 똑똑하구나.

빨리 먹고 싶어요.

나 혼자 할 수 있어요.

언제나 사랑한다.

용기를 잃지 말아라.

소가 된 게으름뱅이

소가 된 게으름뱅이

오늘 즐겁게 지냈어?

오늘 즐겁게 지냈어?

나의 꿈, 나의 미래

나의 꿈, 나의 미래

자연을 보호해야 해요.

자연을 보호해야 해요.

만나서 너무 반가워요.

만나서 너무 반가워요.

좋아하는 과일이 뭐예요?

좋아하는 과일이 뭐예요?

보기 좋은 것이 맛도 좋다.

보기 좋은 것이 맛도 좋다.

정말 귀여운 강아지다.

우리 엄마는 잔소리를 많이 한다.

다음에는 더 잘할 수 있을 거야.

예전처럼 사이좋게 지냈으면 좋겠어.

야구 선수는 누구를 가장 좋아하니?

사랑하는 가족이 있어 행복해요.

하늘이 맑고 푸르다.

친구에게 줄 선물을 만들어야지.

친구에게 줄 선물을 만들어야지.

성큼성큼 걸어 나왔어요.

성큼성큼 걸어 나왔어요.

나는 친구들을 사랑합니다.

나는 친구들을 사랑합니다.

우리는 치즈 만들기 체험장에 갔다.

우리는 치즈 만들기 체험장에 갔다.

내 방에는 내가 좋아하는 것들로 가득해요.

내 방에는 내가 좋아하는 것들로 가득해요.

사진을 찍을 때는 활짝 웃어요.

사진을 찍을 때는 활짝 웃어요.

아빠, 엄마, 동생 모두 사랑해요.

아빠, 엄마, 동생 모두 사랑해요.

② 고사성어 쓰기

고사성어에는 재미있는 이야기와 삶의 지혜가 담겨있어요.
다양한 이야기를 통해 지혜와 슬기를 배우고 문장 쓰기를 해요.

감언이설

'달콤한 말과 이로운 말'이란 뜻으로, 상대방을 현혹시키기 위해 달콤한 말과 이득이 될 만한 말로 속인다는 말이에요.

결초보은

'풀을 묶어서 은혜를 갚는다'라는 뜻으로, 어떤 경우라도 은혜를 잊지 않고 갚는다는 표현이에요.

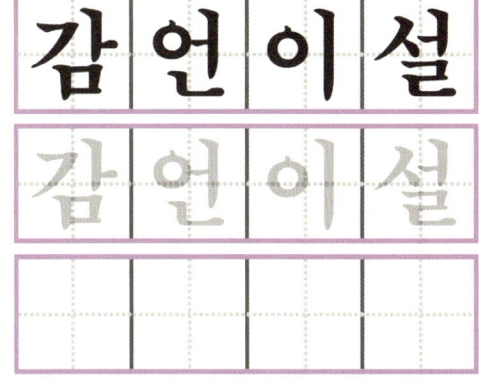

금상첨화

'비단 위에 꽃을 더 한다'라는 뜻으로, 좋은 것에 더 좋은 것이 더 해질 때 사용하는 표현이에요.

일거양득

'한가지일을 하여두가지이득을 얻다' 라는 뜻으로, 한꺼번에 두 가지 이득을 얻을 때 사용하는 표현이에요.

죽마고우

'대나무 말을 타고 놀던 옛 친구'라는 뜻으로, 어릴 때부터 가까이 지내며 자란 친구를 표현할 때 사용해요.

타산지석

'다른 산의 돌'이라는 뜻으로, 다른 사람의 말과 행동이 나에게는 커다란 도움이 될 수 있다는 말이에요.

 쓰기 연습을 복습해 보아요.

토사구팽

'토끼가 잡히고 나면 충실했던 사냥개도 쓸모가 없어져 잡아먹게 된다'라는 뜻으로, 필요할 때는 요긴하게 써먹고 쓸모가 없어지면 버린다는 표현을 할 때 사용해요.

사필귀정

'무슨 일이든 반드시 옳은 이치대로 돌아간다'라는 뜻으로 처음에는 그릇된 것처럼 보였던 일도 결국에는 바르게 돌아간다는 말이에요.

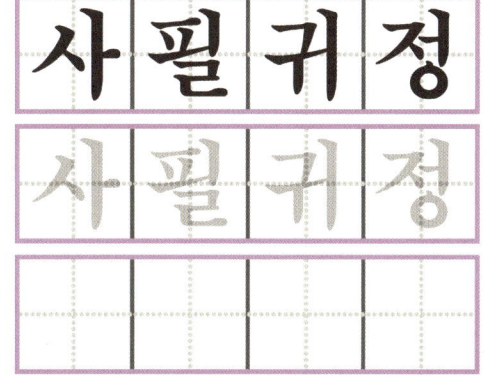

살신성인

'자신의 몸을 희생해서 옳은 일을 행한다는'라는 뜻으로 다른 사람을 위해서 자신을 희생하고 봉사하는 것을 이르는 말이에요.

 쓰기 연습을 복습해 보아요.

선견지명

'앞으로 일어날 일을 예측하는 지혜'라는 뜻으로 미래를 내다보고 대처할 줄 아는 지혜를 표현할 때 사용해요.

유비무환

'준비가 있으면 근심이 없다'라는 뜻으로 평소에 준비가 되어 있으면 걱정할 일이 없다는 말이에요.

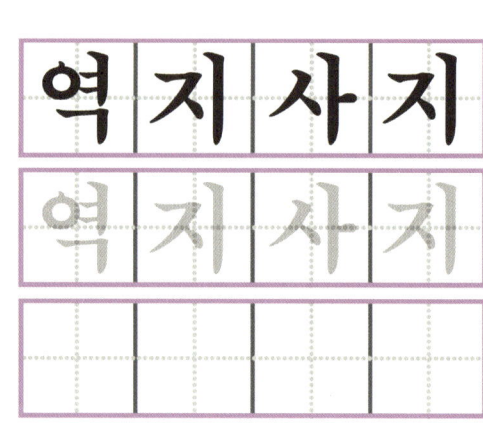

역지사지

'처지를 서로 바꾸어 생각한다'라는 뜻으로 다른 사람의 입장에서 생각하라는 표현이에요.

 쓰기 연습을 복습해 보아요.

3 감동 명언 쓰기

명언은 사람의 입에서 나와 널리 알려진 말로 간결하고 짧은 문장으로 교훈과 가르침을 주는 말이에요.

주저하지 말고 도전하라.

희망은 사람을 살게 한다.

성공은 하룻밤 사이에 오지 않는다.

사람은 반드시 겉보기와 같지는 않다.

시간이 곧 돈이다.

시간이 곧 돈이다.

고통 없이는 얻는 것도 없다.

고통 없이는 얻는 것도 없다.

시간은 아무도 기다려주지 않는다.

시간은 아무도 기다려주지 않는다.

꿈을 이루기 위해 노력하라.

꿈을 이루기 위해 노력하라.

타고난 재능보다 노력이 더 중요하다.

타고난 재능보다 노력이 더 중요하다.

 쓰기 연습을 복습해 보아요.

항상 정직한 사람이 되도록 노력하라.

어려울 때를 대비해야 한다.

모든 면에서 자신감을 가져라.

언제든지 배울 것이 있다.

말보다는 행동을 보이는 것이 낫다.

 쓰기 연습을 복습해 보아요.

아무 준비 없이 위험을 기다리지 말라.

아무 준비 없이 위험을 기다리지 말라.

누구나 장점이 있게 마련이다.

누구나 장점이 있게 마련이다.

말하기는 쉽지만 행동하기는 어렵다.

말하기는 쉽지만 행동하기는 어렵다.

뛰기 전에 먼저 살펴라.

뛰기 전에 먼저 살펴라.

항상 즐겁게 지내려고 노력하라.

항상 즐겁게 지내려고 노력하라.

 쓰기 연습을 복습해 보아요.

자신감은 두려움을 없애준다.

새로운 방식으로 생각하려고 노력하라.

다른 사람을 존경하라.

큰 희망이 큰 사람을 만든다.

끊임없이 도전하라.

 쓰기 연습을 복습해 보아요.

4 이솝 우화 쓰기

이솝 우화는 지금으로부터 2000년 전 그리스인 이솝이 창작해 구전되다 17세기 프랑스 시인 라 퐁텐에 의해 정리된 오래된 이야기예요.

알아 두기

우화 - 사람처럼 행동하고 말하는 동물들을 주인공으로 삼으며 인간의 어리석음과 약점들을 부각시키기 위해 지어낸 이야기.

게 두 마리

어느 날 엄마 게가 아들과 함께 바닷가로 갔어요.
그때 엄마는 아들이 옆으로 걷는 것을 보았어요.
"아들아, 옆으로 걷지 말고 똑바로 걸어야지!"
아들이 말했어요.
"엄마, 엄마나 그렇게 하세요!
나는 엄마가 하는 대로 걷고 있어요."
엄마 게는 자기 자신을 쳐다보았어요.
옆으로 걷고 있지 뭐예요!

어느 날 엄마 게가 아들과 함께 바닷가로 갔어요.
그때 엄마는 아들이 옆으로 걷는 것을 보았어요.
"아들아, 옆으로 걷지 말고 똑바로 걸어야지!"
아들이 말했어요.
"엄마, 엄마나 그렇게 하세요! 나는 엄마가 하는 대로 걷고 있어요."
엄마 게는 자기 자신을 쳐다보았어요. 옆으로 걷고 있지 뭐예요!

개미와 베짱이

어느 더운 여름이었어요.

개미들은 먹이를 모으느라 쉴 틈이 없어요.

그러나 나무 위에 있는 베짱이들은 노래를 부르고 있었어요.

"너희들은 왜 힘들게 일하니?"

"우리는 겨울을 보낼 식량이 필요해."

"노래하고 춤추는 게 더 재미있어." 라고 베짱이가 말 했어요.

겨울이 되었어요. 베짱이들은 배고프고 추웠어요.

어느 날 베짱이들은 개미집을 발견했어요.

"개미야, 우리 좀 도와줘. 춥고 배고파."

베짱이들은 울먹였어요.

개미가 문을 열었어요.

"우리는 겨울을 보낼 식량이 필요해."

"노래하고 춤추는 게 더 재미있다면서, 지금 노래하고 춤을 추지 춰봐?"

개미는 문을 닫았어요.

개와 그림자

개가 고기 한 덩어리를 물고 걷고 있었어요.

'조용한 장소로 가서 먹어야지.' 개는 생각했어요.

개는 다리를 건너고 있었어요. 그런데 강물에 다른 개가 보였어요.

사실 그것은 그 개의 그림자였어요. 그러나 개는 몰랐어요.

"저 개가 더 큰 고기를 갖고 있잖아. 저것도 가져야지."

개는 자신의 그림자를 향해 짖었어요.

개가 짖자 고기가 그만 떨어지고 말았어요.

개는 하나뿐인 고기마저 잃어버렸어요.
개는 하나뿐인 고기마저 잃어버렸어요.

"내 고기가 어디로 갔어?" 개는 슬퍼서 울었어요.
"내 고기가 어디로 갔어?" 개는 슬퍼서 울었어요.

쉬어가는 코너

 왼쪽과 똑같은 친구를 찾아 ○표 하세요.

 꿀단지를 안고 있는 곰을 잘 보고, 그림자를 찾아 ○표 하세요.

집으로 가는 길이 쉽지 않네요. 집으로 안내해 주세요.

 다람쥐에게 도토리가 있는 곳으로 안내해 주세요.

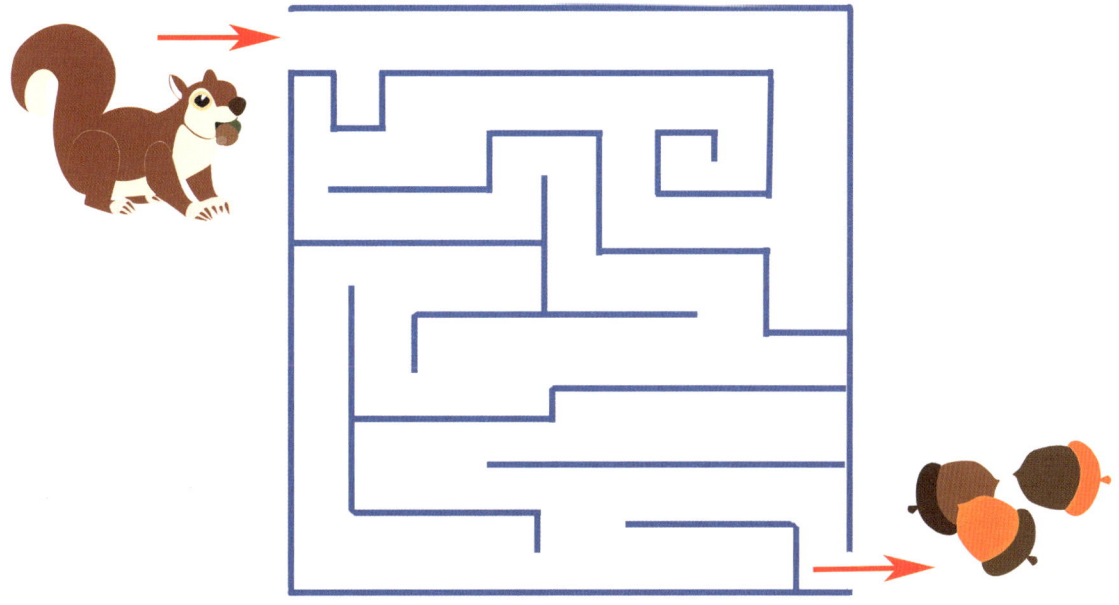

4장

일상생활 속 다양한 글들을 연습해 보세요.

예쁜 글씨는 기본, 고운 마음씨까지!
순우리말이란 한문이나 외래어가
아닌 말 그대로 순수한
우리말을 뜻해요.
그럼 지금부터 시작해 볼까요?

 # 순우리말 쓰기

순우리말도 배우고 의미도 익히며 따라 써 보세요. 급하게 마음 먹지 말고 한 글자 한 글자 또박또박 쓰는 버릇을 길러보세요. 예쁜 글씨를 자신의 것으로 만드는 기본이랍니다.

또바기 - 언제나 한결같이 늘 그렇게

다솜 - 애틋하게 사랑함

온새미로 - 자연 그대로 언제나 변함없이

굄 - 유난히 귀엽게 여겨 사랑함

도담도담 - 별 탈 없이 잘 자라는 모습

달보드레 - 달달하고 부드럽다

달보드레

올랑올랑 - 가슴이 자꾸 두근거리는

올랑올랑

너나들이 - 허물없이 말을 건네는 사이

너나들이

그루잠 - 깼다가 다시 드는 잠

그루잠

꽃가람 - 꽃이 있는 강

꽃가람

다소니 - 사랑하는 사람

다소니

늘솔길 - 언제나 솔바람이 부는 길

늘솔길

눈바래다 – 멀리 가지 않고 눈으로 배웅하다

| 눈 | 바 | 래 | 다 | | | | | |

띠앗머리 – 형제자매 사이의 우애와 정

| 띠 | 앗 | 머 | 리 | | | | | |

도란도란 – 여럿이 나직한 목소리로 정답게 이야기 하는 소리

| 도 | 란 | 도 | 란 | | | | | |

윤슬 – 햇빛이나 달빛에 비치어 반짝이는 잔물결

| 윤 | 슬 | | | | | | | |

 ## 순우리말로 지은 동시들 쓰기

지금까지 썼던 순우리말들을 응용하여 동시를 읽고 따라 써 보도록 해요.

멍멍멍

내가 집에 오면 강아지가 멍멍멍
꼬리를 흔들며 이리저리 왔다갔다
정신없이 멍멍멍
또바기 항상 멍멍멍

또바기 - 언제나 한결같이 늘 그렇게

멍멍멍

내가 집에 오면 강아지가 멍멍멍
꼬리를 흔들며 이리저리 왔다갔다
정신없이 멍멍멍
또바기 항상 멍멍멍

산책

숲 속의 늘솔길은 짙은 노란색
밟을 때마다 발자국이 생겨요
온새미로 풀잎은 옅은 초록색
바람이 불때마다 인사를 해요

늘솔길 - 언제나 솔바람이 부는 길
온새미로 - 자연 그대로 언제나 변함없이

생일날

매일이 생일이면 얼마나 좋을까
쫄깃쫄깃 떡과 달보드레 케이크
한가득 선물에 터지는 폭죽에
내일도 생일이면 얼마나 좋을까

생일날

매일이 생일이면 얼마나 좋을까
쫄깃쫄깃 떡과 달보드레 케이크
한가득 선물에 터지는 폭죽에
내일도 생일이면 얼마나 좋을까

달보드레 - 달달하고 부드럽다

꿈에

그루잠에 들어보니 예쁜 꽃가람
꽃잎들을 세다가 집에 갈 시간
눈바래는 꽃가람에 손 흔들고
고개를 들어보니 꿈이었구나

꿈에

그루잠에 들어보니 예쁜 꽃가람
꽃잎들을 세다가 집에 갈 시간
눈바래는 꽃가람에 손 흔들고
고개를 들어보니 꿈이었구나

그루잠 - 깼다가 다시 드는 잠
꽃가람 - 꽃이 있는 강
눈바래다 - 멀리 가지 않고 눈으로 배웅하다

마음을 담아 쓰는 편지와 카드 쓰기

진심을 담은 편지가 때론 쑥스럽기도, 어렵기도 했죠?
천천히 따라 쓰면서 마음을 전하는 방법과 마음만큼
예쁜 글씨도 익혀보세요.

마음 편지 쓰기

사랑하는 엄마께
항상 말은 잘하면서 글로 쓰는 건
좀 어려워요.
조금은 부끄럽기도 하고,
편지를 내밀 땐 쑥스럽기도 해요.
얼굴 보며 말하면 다 전해지는데.
그래도 엄마 사랑해.
사랑해요 엄마.
이렇게 천 번을 써도 마음을 다 못 담아서
미안해요.

사랑하는 아빠께

아빠. 꽉 안아주는 건 좋은데 수염 잘 깎으시면 좋겠어요. 내가 아빠를 사랑하니까 참는 거예요. 그거 몰랐죠? 아빠. 뽀뽀해주는 건 좋은데 술 드시고는 참아주세요. 내가 진짜 아빠를 사랑하니까 그것도 참기는 할게요.

사랑하는 할머니, 할아버지께
더 나이 드시지 마세요. 저 먹기도 모자라요.
나이 대신 할머니 할아버지는 맛있는 것,
좋은 것만 드세요.
제가 쑥쑥 클 거니까 그냥 그대로 계셔야 돼요.
할머니 할아버지.
사랑해요.

♥ ♥ ♥

화해하고 싶은 친구에게
미안해.
내가 괜히 울컥 했나봐.
왜 싸웠나 모르겠어.
별 일도 아닌데 말이야.
우리 다시 친구하자.

♥ ♥ ♥

마음 카드 쓰기

생일을 맞은 친구에게
생일 축하해.
우리 엄마가 그랬는데 안 아프고 건강한 게
가장 큰 효도래.
　　그러니까 생일이라고 너무 많이 먹고
　　배탈 나지 마!
　　아무튼 생일 다시 한번 축하해.

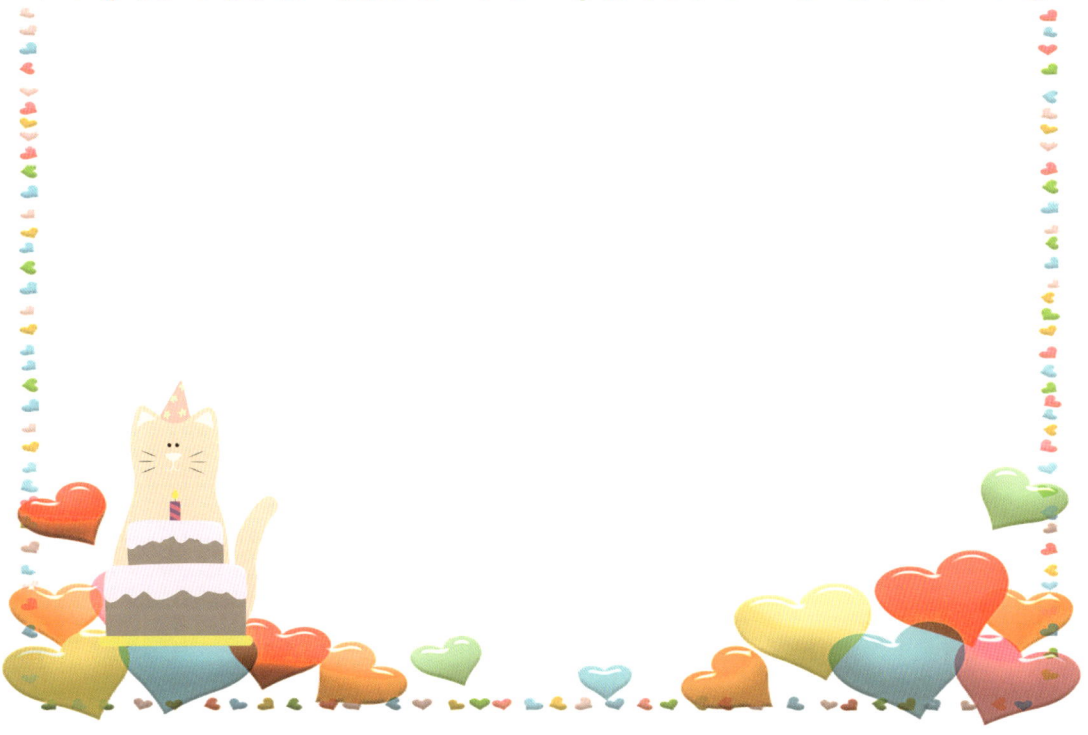

고마운 선생님께

선생님처럼 되고 싶어요.

따뜻하고 자상한 사람이 되고 싶어요.

어떻게 하면 돼요? 열심히 공부하면 되나요?

항상 웃는 모습, 따뜻한 목소리에

공부하는 시간이 즐거워요.

선생님은 너무 좋은데

저도 좋은 학생이었는지 궁금해요.

더 나은 사람이 되도록 노력할게요.

항상 고마워요, 우리 선생님.

친구야 메리 크리스마스!
다가오는 성탄절 잘 보내고
행복한 날이 되길
메리 크리스마스~

Merry Christmas!

Merry Christmas!

# 생각을 정리하는 일기 쓰기

일기는 그날 있었던 일들을 생각하여 느낀 점이나 기억에 남는 일들을 기록하는 거예요. 오늘을 마무리하는 것이라 매우 중요 하다고 할 수 있어요. 나의 하루를 돌아보며 재밌게 써 봐요.

20   년   월   일   요일

지우개를 빌려간 은찬이가 돌려주지

않아서 화가 났다.

자기는 계속 돌려줬다고 하는데

난 받은 기억이 없어서 막 화를

내버렸다.

집에 돌아와서 필통을 열어보니

구석에 지우개가 숨어 있었다.

내일은 사과해야지.

20 년   월   일   요일

제목 엄마와 우산

아침에는 비가 안 왔는데 학교에서 집으로 돌아올 땐
비가 왔다.
엄마가 우산을 가져가라고 할 때 가져갈걸.
귀찮은 마음에 그냥 나온 게 후회가 됐던 순간, 멀리
보이는 익숙한 얼굴에 반갑고 고마운 마음이 들었다.
엄마가 우산을 들고 서계셨다.

20   년   월   일   요일

제목 바다 여행

엄마 아빠, 동생과 함께 바다에 놀러갔다.

해가 너무 뜨거워서 수영복으로 바로 갈아입고

잠깐의 준비운동을 한 뒤 튜브를 몸에 끼고 바다에

풍덩! 입에 들어간 바닷물이 너무 짜서 놀랐지만

그래도 기분이 너무 좋았다.

내년에도 다시 오고 싶다.

20   년   월   일   요일

제목 멋진 꿈

하늘을 날아다니는 꿈을 꿨다.

등에 날개가 생긴 것도 아닌데 말 그대로

초능력자처럼 쏜살같이 하늘 위로 날아올라

내가 사는 집을 내려다보기도 하고, 먼 곳을

향하는 비행기의 옆에서 같이 날기도 했다.

이렇게 멋진 꿈을 또 꿀 수 있을까?

20   년   월   일   요일

제목 선물

엄마의 생일에 무슨 선물을 해야 할지를 몰라서

고민을 하다가 예전에 배웠던 종이접기가 떠올랐다.

색종이를 잘 접어 꽃모양을 만들고,

사랑한다는 말을 적은 다른 종이에

붙여서 카드를 만들었다.

엄마가 좋아하실까? 그랬으면 좋겠다.

20   년   월   일   요일

제목

20   년   월   일   요일

제목

4장_ 일상생활 속 다양한 글들을 연습해 보세요.